KNISTER
Hexe Lillis geheime Zauberschule

KNISTER
geboren 1952, lebt in Wesel.
KNISTER schreibt Bücher, macht Musikkassetten und CD-ROMs.
Verrückt, lustig und spannend. Immer!
Lieblingsfarbe: BUNT.
Lieblingsessen: Spagetti zu jeder Tageszeit.
Hobby: In einer Rockband spielen.
Sternzeichen: Frosch oder so ähnlich.

Michael Sondermeyer und Uwe Schenk
leben und zaubern im Münsterland. Sie haben schon zahlreiche Bücher
für Kinder und erwachsene Zauberkünstler verfasst.

Birgit Rieger
lebt und arbeitet in Berlin.
Als freischaffende Grafikerin gestaltet und illustriert sie Bücher
für Kinder und Jugendliche.

KNISTER

Hexe Lillis geheime Zauberschule

Hexenleichte Zaubertricks

Mit Illustrationen von Birgit Rieger

und Zaubertricks von
Michael Sondermeyer und Uwe Schenk

Arena

In neuer Rechtschreibung

2. Auflage 2004
© 2003 by Arena Verlag GmbH, Würzburg
Alle Rechte vorbehalten
Zaubertricks: Michael Sondermeyer & Uwe Schenk
Einband- und Innenillustration: Birgit Rieger
Gesamtherstellung: westermann druck, Braunschweig
ISBN 3-401-05500-3

INHALT

Hexenvorwort	10
Der magische Blick	14
Das magische Holz	18
Das galaktisch-vulkanische Riesengedächtnis	22
Willenaufzwinger-Trick	28
Sicher ist sicher	34
Der magische Knoten	38
Verliebte Büroklammern	42
Der Mutter-Trick	48
Rechenhexereien: »Vorhersagen«	54
»Gedankenlesen«	58
Der Piano-Trick	60
Das rätselhaft springende Gummiband	64

HEXENVORWORT

**Krötenpups und Drachenblut,
dieses Buch ist wirklich gut!**

Vielleicht kennst du mich schon? Mich – und mein großes, aufregendes Geheimnis: Ich besitze ein Zauberbuch – ein ECHTES! Jawohl, und damit habe ich mich schon oft in fremde Welten gehext . . .

Klaro, dass du neidisch bist. Aber jetzt ENDLICH habe ich auch ein Zauberbuch FÜR DICH:

Na ja, ich geb's zu, es ist kein echtes.

Aber trotzdem: Es sind irre gute Zaubertricks enthalten. Kunststücke, die du überall – im Wohnzimmer, in der Schule oder im Kinderzimmer – vorführen kannst.

Alles, was du dafür brauchst, findest du zu Hause, und falls nicht, kannst du es ganz leicht besorgen! Genau wie ich, musst du für manche Tricks etwas üben, wie in einer echten Zauberschule eben.

Aber ein bisschen Magie ist auch immer dabei. Oder etwa nicht?

Noch ein Tipp! Dies Buch ist nicht wie die anderen Hexe-Lilli-Bücher, die du am liebsten in einem Rutsch liest, weil sie so spannend und lustig sind. Bei diesem Buch solltest du dir Zeit lassen. Lies dir die Zauberkunststücke einzeln durch und probier sie beim Lesen gleich aus, dann hast du den größten Spaß!
Wenn für einen Trick ein Gegenstand benötigt wird, nimm ihn gleich zur Hand, dann verstehst du viel besser, was gemeint ist.

In welcher Reihenfolge du die Tricks im Buch ausprobierst, ist egal. Manche Zauberkunststücke sind leicht (für Hexenschulanfänger), andere schwieriger (für Hexenmeisterschüler). Finde es heraus! Halte dich genau an die Anweisungen und sieh dir die Bilder gut an, dann klappt alles super. So wahr ich Lilli heiße!

Ich habe alle Tricks ausprobiert und einige haben mir bei meinen Abenteuern aus manch gefährlicher Not geholfen, weil ich damit auch ohne die »echten« Zaubersprüche aus meinem geheimen Zauberbuch auskam. Natürlich habe ich dann für die Leute trotzdem verrückte Zauberformeln gemurmelt und ordentlich zauberhaftes, spannendes Brimborium veranstaltet, damit es so aussah, als ob große Magie im Spiel wäre. Wenn du für Zuschauer zauberst, solltest du das auch machen, das steigert die Wirkung enorm.

Dein Essgeschirr wähl sorgsam aus,
dann schmeckt er dir, dein Hexenschmaus.
Insekten, Ratten, Mäuseschwanz
brät man gut im Eisenschranz,
doch Regenwurm und Wildschweinohren
lass nur in Kupferpfannen schmoren!
Giftbräu, Zaubertrunk und Wasser
trink nur aus Glas, da bleibt es nasser!
Doch Warzensaft und Blut vom Aal
schlürf nur aus silbernem Pokal!
Zum Hexen wähl den Tisch aus Holz,
darauf ist jede Hexe stolz!

UND MIT HUT ZAUBERT'S SICH NOCH MAL SO GUT!

Aber außer dem großen Brimborium ist noch etwas ganz wichtig für eine richtige Zaubervorführung. Und das ist eine kleine Bühne oder zumindest ein Tisch. Die meisten der beschriebenen Kunststücke kann man an oder auf einem Tisch vorführen und es ist wichtig, dass du möglichst an der einen Seite des Tisches stehst oder sitzt und deine Zuschauer dir gegenüber an der anderen Seite. Bei manchen Kunststücken ist das sogar unbedingt nötig, damit niemand, der hinter dir steht, das supergeheime Geheimnis des Tricks entdecken kann.

Wenn du einen Tisch zwischen dir und dem Publikum stehen hast, hat das noch einen weiteren großen Vorteil: Die neugierigen Zuschauer können nicht einfach an deine Zaubersachen (die Zauberer sagen Requisiten dazu) gehen und sie untersuchen, wenn du das nicht willst. Wenn du deine Zauberrequisiten z.B. in einem kleinen Koffer aufbewahrst, kannst du diesen gut hinter dem Tisch auf einen Stuhl stellen, sodass die Zuschauer immer nur das sehen, was du gerade vorführst.

Achtung, Achtung! Die Anleitungen in diesem Buch sind immer aus deiner Sicht gezeichnet, damit du mit den Seiten nicht durcheinander kommst. Deine Zuschauer sehen das Ganze also genau seitenverkehrt.

Zum Schluss noch eines: Verrate niemals irgendwelchen neugierigen Langweilern einen Zaubertrick! Wie alle Hexen, Magier, Schamanen und Zauberer solltest du nur mit deinesgleichen über Zauberei reden.

Und jetzt geht's los . . .
Viel Spaß beim Zaubern
wünschen

DER MAGISCHE BLICK

**Mein Zauberblick ist scharf und gut.
Durchdringt selbst menschlich Fleisch und Blut.
Durchbohrt ganz schmerzlos deine Hand,
denn nichts hält meinem Blicke stand!**

Eingefleischte Lillifans werden sich erinnern, dass ich mir von Leons Patentante Eliane einen echten Golddukaten »besorgt« habe. Den brauchte ich, um mich damit ins Mittelalter zu hexen. Dort habe ich das Abenteuer »Hexe Lilli und das magische Schwert« nur knapp überlebt. Nun, den Dukaten habe ich der Tante mit dem nachfolgenden Trick abgeluchst. Probier es doch auch mal, es ist hexenleicht und ziemlich genial: Du schließt einfach eine Wette mit dem Erwachsenen ab, der dir das Geldstück für den Trick zur Verfügung stellt. Wenn du es schaffst, durch seine Hand hindurch das Geldstück richtig zu erkennen, darfst du es behalten. Du verstehst nicht? Na, dann lies den Trick ...

Die Vorbereitung
Du brauchst eine beliebige Anzahl Münzen, die auch unterschiedlich sein können. Da es aber wichtig ist, dass du mit einem Blick erkennst, wie viele Münzen mit der Zahl nach oben liegen, solltest du nicht mehr als zwölf nehmen. Achte bei der Auswahl, dass sich Vorder- und Rückseite deutlich unterscheiden.

14

Die Vorführung

Mit deinem magischen Blick kannst du scheinbar durch die Hand deines Zuschauers blicken. Du kannst erkennen, ob eine dort versteckte Münze mit der Zahl oder dem Bild nach oben liegt.

Das Geheimnis

Die Münzen liegen auf dem Tisch und du merkst dir, ob die Anzahl der Münzen, die mit der Zahl nach oben liegen, gerade (2, 4, 6, 8, 10, 12) oder ungerade (1, 3, 5, 7, 9, 11) ist – mehr musst du nicht wissen!

Du drehst dich nun um und bittest einen Zuschauer, zur Vorbereitung und um alles etwas durcheinander zu bringen, einzelne Münzen umzudrehen, wobei er jedes Mal laut und deutlich »Jetzt!« sagen soll. Wenn er meint, dass es reicht, soll er es dir sagen. Es ist dabei egal, ob er jedes Mal andere Münzen oder dieselbe Münze mehrere Male umdreht.

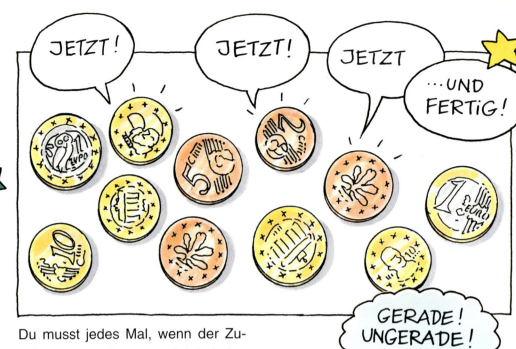

Du musst jedes Mal, wenn der Zuschauer »Jetzt!« sagt und dabei eine Münze umdreht, in Gedanken zwischen »gerade« und »ungerade« wechseln – so lange, bis der Zuschauer fertig ist.

Angenommen der Zuschauer hat aufgehört, als du »gerade« gedacht hast – dann merkst du dir das und bittest den Zuschauer, irgendeine der Münzen zur Seite zu schieben und sie mit der Hand zu bedecken. Jetzt drehst du dich wieder um und musst nun unauffällig nachzählen, wie viele Münzen jetzt mit der Zahl nach oben zu sehen sind. Die Anzahl dieser Münzen ist natürlich entweder gerade oder ungerade und daran kannst du feststellen, wie herum die Münze unter der Hand des Zuschauers liegt: Wenn die Anzahl der Münzen mit der Zahl nach oben gerade ist und du dir auch »gerade« gemerkt hast, liegt sie mit dem Bild nach oben; ist es andersherum und die Zahl der Münzen mit der Zahl nach oben ist ungerade, während du dir »gerade« gemerkt hast, liegt eine Zahl oben.

Wenn du dir »ungerade« gemerkt hättest, wäre es auch so, dass, wenn dein gemerktes Wort und die Anzahl verschieden sind, die Zahl oben liegt, und wenn beide übereinstimmen, das Bild oben liegt. Das klingt wahrscheinlich etwas kompliziert, aber wenn du es einmal für dich ausprobierst und verstehst, worauf es ankommt, ist es wirklich hexenleicht!

Du kannst dieses Kunststück leicht verändert wiederholen und es dabei scheinbar noch schwieriger machen. Diesmal soll der Zuschauer nämlich nichts sagen, wenn er die Münzen umdreht, und außerdem soll er jedes Mal zwei Münzen gleichzeitig umdrehen. Dabei ist es wieder egal, ob er dieselben Münzen öfter umdreht. Du merkst dir wieder, ob die Anzahl der Münzen mit der Zahl nach oben gerade oder ungerade ist, und damit du auch das Umdrehen nicht hörst, wendest du dich ab und hältst dir die Ohren zu. Der Zuschauer soll dir auf die Schulter tippen, wenn er fertig ist und eine Münze mit der Hand bedeckt hat. Nun machst du wieder dasselbe wie oben – und wieder liegt auch jetzt die Zahl oben, wenn die Anzahl mit deinem gemerkten Wort *nicht* übereinstimmt, und das Bild liegt oben, wenn sie übereinstimmt.

17

DAS MAGISCHE HOLZ

**Swaami, surko, xylladir,
propolis et sterolir!
Die Gesetze der Natur
sind aufgelöst durch meinen Schwur.
Unversehrt und ohne Qual,
Zauberholz durchdringt den Stahl!**

Was der Trick macht, kann man in Worten schlecht beschreiben, man muss ihn einfach gesehen haben. Unglaublich! Ich habe ihn erst jetzt, bei meinen Recherchen in Zauberarchiven und nach der Befragung der cleversten Zauberer des Universums kennen gelernt, bin aber sicher, dass ich ihn auf mein nächstes Abenteuer mitnehmen werde. Denn mit diesem Trick kann man jeden beeindrucken, egal, ob Vampir oder Schildkrötenkönig, schwarzen Ritter oder blauen Cowboy. Ich schwöre: Der Trick ist was für alle Fälle.

Die Vorbereitung

Dein magisches Holz ist ein einfaches Streichholz und der Stahl, den es magisch durchdringt, ist eine Sicherheitsnadel.

Vom Streichholz musst du das – meistens rote oder dunkelbraune – Köpfchen abschneiden. Am besten machst du das vorsichtig mit einer scharfen Schere oder einem scharfen Messer. Oder du bittest einen Erwachsenen dir dabei zu helfen.

Die Sicherheitsnadel sollte nicht zu klein sein, damit man den Zauber auch gut sieht. Ungefähr 4 cm Länge sind okay.

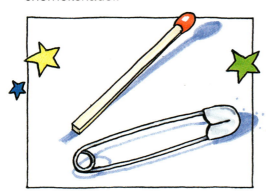

Die nächste und gleichzeitig auch letzte Vorbereitung für diesen Trick, den du dann immer wieder vorführen kannst, ohne jedes Mal etwas neu präparieren zu müssen, ist auch nicht ganz ungefährlich: Wenn du nicht aufpasst, kannst du dich stechen. Aber dafür ist dann die Vorführung völlig gefahrlos.

Du musst nämlich das geköpfte Streichholz auf die Sicherheitsnadel stecken. Und zwar so, wie das in der Abbildung zu sehen ist: Die Nadel geht mitten durch das Streichholz und das Streichholz steckt mitten auf dem spitzen Nadelteil, mit dem du die Sicherheitsnadel nun schließt.

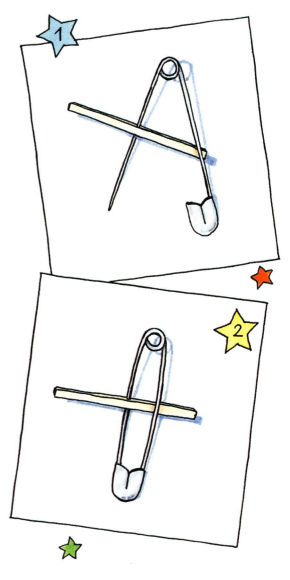

Die Vorführung

Aber jetzt sollst du erst einmal erfahren, worum es eigentlich geht. Der Effekt (so nennen Zauberer das, was passiert, also das, was die Zuschauer sehen) ist der, dass das Streichholz scheinbar die Sicherheitsnadel durchdringt.

19

Dazu hältst du die Sicherheitsnadel (zumindest, wenn du Rechtshänder oder -händerin bist) mit der linken Hand fest und legst deinen rechten Zeigefinger unter das Streichholz, wie das die Abbildung zeigt.

Achte darauf, dass sich die rechte Streichholzseite unter der Sicherheitsnadel befindet und die Seite der Sicherheitsnadel, auf der das Streichholz aufgespießt ist, ebenfalls nach links zeigt.

Du drückst nun das Streichholz nach oben gegen die Sicherheitsnadel und lässt dann den Finger vom Hölzchen abschnippen. Wenn du alles richtig gemacht hast, sieht es wirklich so aus, als ob das Streichholz gerade durch die Nadel hindurchgegangen wäre.

Du musst vielleicht ein bisschen experimentieren, bis du den richtigen Druck herausgefunden hast, mit dem du gegen das Streichholz drückst, bevor du es vom Finger abschnippen lässt. Aber wenn du es einmal geschafft hast, ist es wirklich ganz einfach und sieht sehr überzeugend aus. Du kannst dir den Zaubertrick fast selbst vorführen und du kannst nun sicher auch verstehen, warum deine Zuschauer, die ja nicht wissen, wie der Trick geht, staunen.

Das Geheimnis

Für den Fall, dass du selbst noch überlegst, wie das Ganze geht, hier die Erklärung: In Wirklichkeit durchdringt das Streichholz natürlich nicht die Nadel, sondern es beschreibt einen Halbkreis in die andere Richtung, bis es oben auf der Nadel liegt.

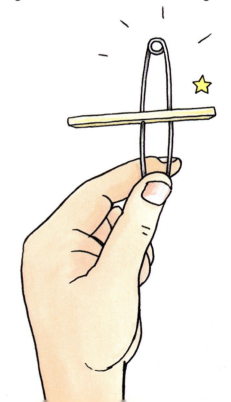

20

Das geschieht allerdings so schnell, dass das Auge es nicht verfolgen kann.

Es sieht am besten aus, wenn das Streichholz nach der Durchdringung fast in der gleichen Position ist wie vorher, nur eben über der Sicherheitsnadel, also wie in der letzten Abbildung. Sollte das einmal nicht der Fall sein, wiederholst du das Ganze einfach gleich noch einmal.

Dieser Trick ist so kurz, dass du ihn sowieso ruhig einige Male für deine Zuschauer wiederholen kannst, obwohl die Zauberregeln normalerweise besagen, dass man einen Trick nur einmal vor demselben Publikum zeigen soll.

Das Streichholzköpfchen wird übrigens abgeschnitten, damit deine Zuschauer nicht bemerken, dass das Streichholz nicht wirklich die Nadel durchdringt, sondern sich halb um ihre Mittelachse dreht. Du kannst ja einmal für dich alleine ausprobieren, wie es aussieht, wenn du ein Streichholz mit Köpfchen benutzt. Du wirst sehen, dass es lange nicht so täuschend wirkt.

DAS GALAKTISCH-VULKANISCHE RIESENGEDÄCHTNIS

**Elektrosmog im Warpgestirn,
Magier-Hexen-Super-Hirn.
Megapixel, Quarksprozessor,
gigaschlauer als Professor!**

Diesen unsinnigen Zauberspruch dachte ich mir aus, als ich mich auf einer Zukunftsreise an Bord eines extraterrestrischen Raumschiffes mit einem ferronischen Sicherheitsoffizier herumschlagen musste. Ich murmelte ihn, während ich mich scheinbar ungeheuer konzentrierte . . .
Aber der Reihe nach! Ich war gefangen genommen worden und die Ferronen verwechselten mich mit einer kryptonischen Prinzessin. (Kein Wunder, ich hatte mir ihr kryptonisches Silbergewand »ausgeborgt« . . . aber das ist eine andere Geschichte . . .) Jedenfalls hielt mich der ferronische Offizier für eine ranghohe Kryptonin – und da das unglücklicherweise die ärgsten Feinde der Ferronen waren, war die Lage für mich nicht gerade angenehm. Ich wusste aber, dass in den intergalaktischen Auseinandersetzungen die Vulkanier die Verbündeten der Ferronen sind, und behauptete darum eine vulkanische Agentin zu sein, die sich für ihre Einsätze die spitzen Ohren habe wegoperieren lassen. (Ihr kennt sicher Mr Spok, den wohl bekanntesten Vertreter dieser spitzohrigen, superintelligenten Rasse.) Natürlich glaubte der Sicherheitsoffizier mir nicht und ich musste also als Vulkanierin meine enorme Fähigkeit zur Gedächtnisleistung unter Beweis stellen. Mit dem nachfolgenden Trick war das kein Problem für mich. Für euch sicherlich auch nicht. Faszinierend . . .

Die Vorbereitung
Mit der Trickbeschreibung im Kopf und einem Kartenspiel auf dem Tisch kann es losgehen!

Die Vorführung

Mit diesem Kunststück zeigst du deinen Zuschauern, dass du in der Lage bist, dir die Reihenfolge eines kompletten Kartenspiels zu merken.
Der Beweis? Ein Zuschauer zieht eine Karte, prägt sie sich ein und steckt sie an anderer Stelle wieder in den Stapel. Trotzdem wirst du sagen können, wo die Karte gelegen hatte, wo sie jetzt liegt und sogar um welche es sich handelt.

Das Geheimnis

Keine Angst, du musst jetzt nicht wie Mister Superbrain Kartenreihenfolgen auswendig lernen oder dein Erinnerungsvermögen trainieren. Das Ganze ist ein Trick – und dazu ein hexenleichter. Denn eigentlich passiert nichts weiter, als dass der Zuschauer eine Karte wählt und du findest sie wieder – also ein normaler, pups-einfacher Kartentrick. Aber die Vorführung erweckt einen ganz anderen Eindruck, nämlich dass du das galaktisch-vulkanische Riesengedächtnis hast.

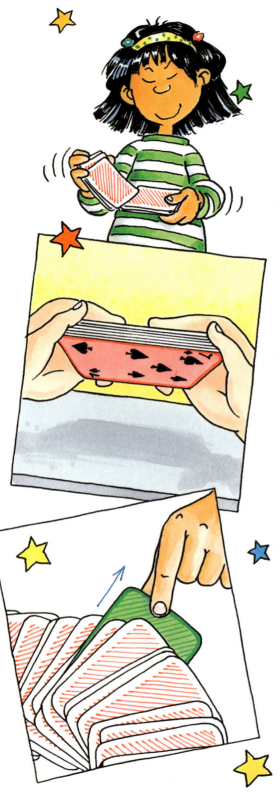

Die Vorführung

Du kündigst an, dass du den Zuschauern dein galaktisch-vulkanisches Riesengedächtnis vorführen möchtest, und bittest einen Zuschauer den Kontrolleur zu spielen. Dafür soll er das Kartenspiel zunächst einmal mischen.

Wenn er dir das Spiel zurückgibt, wirfst du heimlich einen Blick auf die unterste Karte des Spiels und merkst sie dir.

Dann lässt du ihn eine Karte mitten aus dem Spiel ziehen – sozusagen als Kontrollkarte –, die er sich merken soll. Währenddessen hast du die Karten in einem Stapel mit der Rückseite nach oben auf den Tisch gelegt, ohne die Reihenfolge zu verändern. Die unterste Karte ist nach wie vor die, die du dir gemerkt hast.

Damit du gut nachvollziehen kannst, was passiert, ist in den Abbildungen die Zuschauerkarte grün und die von dir gemerkte Karte rot.

Der Zuschauer soll nun seine Karte rückenoben auf das Spiel legen und dann einmal abheben, sodass seine Karte irgendwo mitten im Spiel liegt. Durch das Abheben ist die Karte, die du dir gemerkt hast, genau auf die vom Zuschauer gewählte Karte gelegt worden.

1 x abheben und drauflegen!

Du kannst auch noch andere Zuschauer abheben lassen. Wichtig ist dabei, dass sie jeweils nur einen Stapel vom Kartenspiel abheben und dann den Rest der Karten wieder auf das abgehobene Päckchen legen. Sie dürfen also nicht drei oder vier Päckchen abheben und diese dann wieder irgendwie zusammenlegen, da es sonst passieren könnte, dass deine Karte und die des Zuschauers nicht mehr nebeneinander liegen.

Du drehst die Spielkarten jetzt mit den Bildseiten nach oben und streifst das Spiel auf dem Tisch aus, sodass alle Kartenwerte zu erkennen sind.

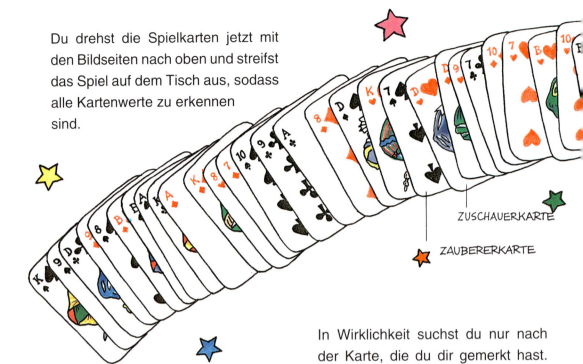

ZUSCHAUERKARTE

ZAUBERERKARTE

Nun bittest du um Ruhe, damit du dich konzentrieren kannst, und gehst mit deiner Hand langsam an allen Karten entlang – scheinbar lernst du dabei die Reihenfolge auswendig.

In Wirklichkeit suchst du nur nach der Karte, die du dir gemerkt hast. Die Karte, die direkt rechts neben deiner Karte liegt, ist die Zuschauerkarte, die du dir nun ebenfalls merkst.

Dann drehst du dich um und bittest den Zuschauer seine gewählte Karte aus dem Spiel herauszunehmen und an einer anderen Stelle wieder in das Spiel zu stecken. Jetzt soll er – ohne die Reihenfolge zu verändern – die Karten zu einem Päckchen zusammenschieben, einmal abheben und sie anschließend wieder wie vorher bildoben auf dem Tisch ausbreiten.

Nun drehst du dich zurück zu den Karten und führst die Hand wieder an ihnen entlang. Zuerst stoppst du an der Stelle, wo die Karte liegt, die du dir am Anfang gemerkt hast (die Zuschauerkarte

merkst, dass hier etwas nicht stimmt. Schließlich sagst du, dass diese Karte hier vorher nicht gelegen hat, und nimmst dabei die Karte des Zuschauers aus dem Spiel.

Du solltest danach die Karten aufnehmen und durchmischen. Falls dann die Zuschauer einen weiteren Beweis deiner Gedächtniskunst verlangen, kannst du dich damit entschuldigen, dass die Reihenfolge, die du dir gemerkt hast, durch das Mischen schon wieder zerstört sei.

sollte nun nicht mehr daneben liegen!), und sagst, dass sich hier etwas verändert hat. Du bleibst mit der Hand an dieser Stelle und verkündest schließlich, dass hier eine Karte fehlt, und zwar genau hier – und dabei schiebst du die Karten an der Stelle, wo die gewählte Karte gelegen hat, etwas auseinander.

Dann sagst du, dass nun ja irgendwo eine Karte zu viel sei, und suchst nun die Zuschauerkarte. Du stoppst wieder in der Nähe der Karte und be-

WILLENAUFZWINGER-TRICK

**Pik und Kreuz und Karo, Herz,
mit Magie mach keinen Scherz.
Herz und Karo, Kreuz und Pik,
ist es Zauber oder Trick?
Kreuz und Pik und Herz und Karo,
das ist Zauber – ist doch klaro!**

Dieses megamäßige Kunststück kannst du gut als Fortsetzung nach dem vorhergehenden Trick vorführen, da das Grundthema ähnlich ist. Deine Zuschauer sollen scheinbar frei irgendwelche Karten auswählen – aber in echt haben sie keine Wahl, weil du ihnen deinen Willen aufzwingst! He, he, he . . . Sie können sich noch so anstrengen, du weißt schon vorher, welche Karte sie wählen werden . . .

Mit diesem Trick habe ich nicht nur den Sicherheitsoffizier, sondern auch die übrige Besatzung des ferronischen Kampfschiffes in die Knie gezwungen und restlos von meinen übernatürlichen, vulkanischen Fähigkeiten überzeugt . . .

Die Vorbereitung

Diesen Kartentrick kannst du nur einem größeren Publikum vorführen. Du brauchst nämlich allein schon vier Zuschauer, die dir helfen. Das kündigst du aber keinesfalls an, sondern rufst die vier nach und nach auf.

Wichtig ist auch, dass die Zuschauer nicht um den Tisch herumstehen oder -sitzen, sondern – wie ich es am Anfang dieses Buches beschrieben habe – du an einer Seite des Tisches zauberst und die Zuschauer dir gegenüber an der anderen Seite stehen oder sitzen.

Die Vorführung

Ein Zuschauer mischt das Kartenspiel und du verteilst dann die Karten mit der Rückseite nach oben wild durcheinander auf dem Tisch.

Dann bittest du einen Zuschauer auf irgendeine Karte zu zeigen und nennst ihm – kurz bevor er das tut – einen Kartenwert, den er sich merken soll. Wenn er dann auf eine Karte gezeigt hat, nimmst du diese auf und bittest dann einen zweiten Zuschauer ebenfalls auf eine Karte zu zeigen und sagst auch ihm kurz vorher einen Kartenwert.

Das machst du insgesamt viermal. Am Schluss wählst du selbst noch eine Karte, sodass du nun fünf Karten in der Hand hältst.

Nun forderst du die vier Zuschauer auf ihre gemerkten Kartenwerte nacheinander zu nennen – und legst dabei einzeln der Reihe nach die aufgenommenen Karten bildoben auf den Tisch. Jede einzelne stimmt genau mit dem genannten Kartenwert überein. Du wusstest also schon, bevor die Zuschauer auf eine Karte gezeigt hatten, welche Karte sie nehmen würden – und das, obwohl die Karten mit der Rückseite nach oben lagen und vorher gemischt war! – Hast du ihnen deinen Willen aufgezwungen?

Das Geheimnis

... ist eigentlich wieder mal ganz einfach: Du musst dir lediglich am Anfang des Kunststücks eine Karte merken, der Rest dieses Wunders geschieht dann nur durch die Vorführung.

Du solltest allerdings etwas aufpassen, weil das Kunststück je nach Verlauf verschieden beendet werden kann.

Beim Zurücknehmen des Spiels guckst du dir rasch heimlich die unterste Karten an.

Wenn du nun beginnst die Karten mit der Rückseite nach oben auf dem Tisch zu verteilen, achtest du darauf, dass die letzte Karte nicht einfach im wilden Durcheinander verschwindet, sondern dass du immer genau weißt, wo sie liegt. Du kannst die Karte gut kontrollieren, indem du nach dem ersten Ausstreifen der Karten einen Finger fest auf diese Karte legst und sie beim Durcheinandermischen der restlichen Karten nicht loslässt. So wird die Karte nur mit dem Finger über den Tisch geschoben, du weißt aber immer, wo sie ist.

Gehen wir jetzt einfach mal davon aus, dass die unterste Karte die Herzsieben ist. Wenn nun alle Karten wild durcheinander auf dem Tisch liegen – du weißt immer noch genau, welches die Herzsieben ist –, bittest du einen Zuschauer auf eine Karte zu zeigen. Und bevor er das macht, forderst du ihn auf an die Herzsieben zu denken, also an den Kartenwert, den du vorher gesehen und dir gemerkt hast.

Der Zuschauer wird höchstwahrscheinlich nicht auf die Herzsieben zeigen, aber das macht nichts. (Es würde allerdings auch nichts machen, wenn er es täte – wie du später sehen wirst, wenn wir diesen Sonderfall erklären.)

Du nimmst die gewählte Karte und schaust sie dir an – aber so, dass kein Zuschauer sehen kann, welche Karte es ist. Während du dir die Karte anschaust, kannst du leicht nicken oder leise »Sehr gut!« murmeln, als ob etwas geschehen ist, was du genauso erreichen wolltest.

Dann soll ein zweiter Zuschauer auf eine Karte zeigen und sich ebenfalls eine Karte merken. Du nennst ihm dabei den Wert der Karte, die der erste Zuschauer gewählt hat und die du gerade hast.

Dann schaust du dir die nun gewählte Karte an, nickst wieder und bittest einen weiteren Zuschauer auf eine Karte zu zeigen. Diesmal nennst du den Kartenwert, den der zweite Zuschauer gewählt hatte.

Schließlich bittest du einen vierten Zuschauer auf eine Karte zu zeigen und sie sich zu merken. Dabei nennst du den Kartenwert des dritten Zuschauers.

Wenn du diese Karte aufgenommen hast, sagst du, dass du nun selbst auch noch eine Karte wählen wirst. Wie die Male zuvor nennst du nun die zuletzt aufgenommene Karte – und nimmst . . . –, na rate mal!

Schau dir die Beispiele auf der nächsten Doppelseite an! Sie zeigen deutlich, wie der Trick funktioniert.

Merkst du, was jetzt passiert ist? Du hältst in deiner Hand exakt die vier Karten, die sich die Zuschauer gemerkt haben. Dass sie in einer anderen Reihenfolge aufgenommen wurden, konnten die Zuschauer ja nicht sehen, da nur du dir die Karten angeschaut hast.

Du bittest nun die Zuschauer der Reihe nach die gemerkten Kartenwerte laut zu nennen und legst dabei jedes Mal die entsprechende Karte mit dem Bild nach oben auf den Tisch! Alle vier stimmen! Dass auch die von dir gewählte Karte stimmt, zeigst du eher beiläufig zum Schluss.

Nun fragst du dich bestimmt, was passiert, falls ein Zuschauer rein zufällig auf deine Herzsieben tippt, weil du ja dann das Kunststück nicht so zu Ende führen kannst, wie es oben beschrieben wurde. Das stimmt zwar, aber eigentlich ist das sogar noch besser, ein richtiger Glücksfall, weil du das Kunststück dann sofort beenden kannst, ohne dass du selbst eine Karte wählen musst. Das heißt, wenn der erste Zuschauer sofort auf die Herzsieben zeigt, bittest du ihn einfach diese Karte umzudrehen, um zu zeigen, dass du vorher wusstest, was er wählen würde.

Falls der zweite oder der dritte Zuschauer die Herzsieben wählt, nimmst du sie auf und lässt dann sofort wie oben beschrieben die Zuschauer ihre gemerkten Kartenwerte sagen und drehst dabei die entsprechenden Karten um.

Das bedeutet natürlich auch, dass du dieses Kunststück nicht wiederholen kannst, da sonst die Zuschauer merken, dass es auch anders verlaufen kann.

SICHER IST SICHER

*Mit Spinnenspucke, Hexenhaar,
verzaubert ist der Stahl, fürwahr.
Zombizauber, Quallenqual,
unversehrt dringt Stahl durch Stahl!*

Sicherheitsnadeln sind ja dazu da, irgendetwas sicher zusammenzuhalten. Sonst hießen sie ja nicht Sicherheitsnadeln, sondern Unsicherheitsnadeln. Vielleicht auch Risikonadeln ... Dass ich das Risiko liebe, wisst ihr ja. Kein Abenteuer ist mir zu gefährlich: Egal, ob ich für die Aquanauten einem Riesenkraken den Garaus mache oder den Jungs im wilden Wilden Westen zeige, wo es lang geht. Aber hättet ihr gedacht, dass ich mich auch mit der Sicherheit auskenne? Nein? Da werdet ihr staunen!

Die Vorbereitung

Bei diesem Trick ist es wichtig, dass du zwei Sicherheitsnadeln wählst, die nicht zu klein sind, damit du sie zwischen den Fingern halten kannst. Da es auch bei diesem Sicherheitsnadeltrick um Durchdringung geht, solltest du die Nadeltricks nicht unbedingt hintereinander vorführen. Denn dann ist neben denselben Gegenständen, die du benutzt, auch noch der Effekt derselbe. Und das könnte für die Zuschauer langweilig werden.

Die Vorführung

Zwei Sicherheitsnadeln werden kreuzweise miteinander verbunden und dann ruck, zuck wieder voneinander getrennt, ohne dass sie geöffnet werden. Ein echter Entfesselungstrick also ...

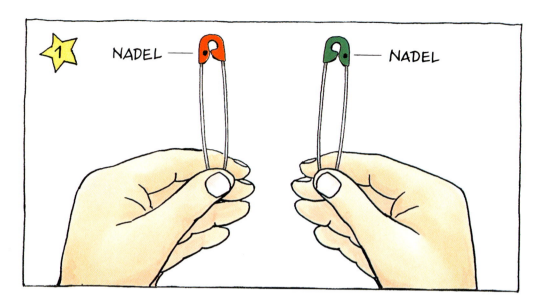

Das Geheimnis

... bleibt ungelöst! Aber die Sicherheitsnadeln nicht! Um den Trick hinzubekommen, musst du nur die Anleitung genau lesen und am besten gleich mit den Sicherheitsnadeln in der Hand nachmachen.

Zu Beginn des Tricks hältst du in jeder Hand eine der beiden geschlossenen Sicherheitsnadeln, und zwar so, dass die Öffnungen der Sicherheitsnadeln beide jeweils nach außen zeigen, die der linken Sicherheitsnadel nach links, die der rechten nach rechts (Abb. 1).
So groß wie auf den Abbildungen müssen sie aber nicht sein! Diese Übergröße und auch die unterschiedlichen Farben sollen dir nur helfen, die einzelnen Schritte des Tricks genau zu erkennen. Für dich reichen 4 cm lange Sicherheitsnadeln!

Nun öffnest du mit Hilfe der rechten Hand, aber ohne dabei die Nadel fortzulegen, die links gehaltene Nadel, sodass es anschließend so aussieht, wie die nächste Abbildung zeigt.

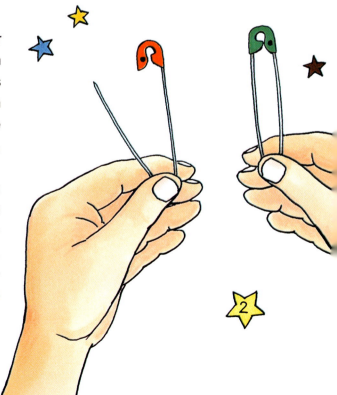

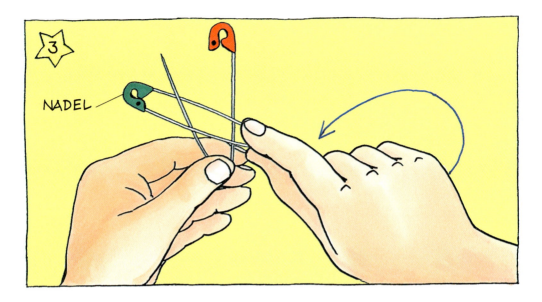

Sofort bewegst du jetzt die rechte Hand mit der geschlossenen Nadel auf die linke Hand zu, wobei du die rechte Hand mit dem Handrücken nach oben drehst – und damit auch die Nadel – und auf die geöffnete Nadelspitze schiebst. Schau dir den Pfeil in der oberen Abbildung an und du weißt, was gemeint ist.

Nachdem du die offene Sicherheitsnadel geschlossen hast, solltest du die Nadeln so in der Hand halten, wie das die nächste Abbildung zeigt.

Beachte, dass die Öffnungen beider Nadeln nun in dieselbe Richtung zeigen, nämlich nach links.

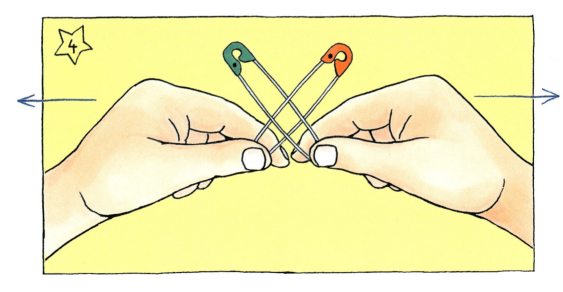

Die jetzt folgende Entkettung der Nadeln ist der am schwersten zu erklärende Teil dieses Zaubertricks. Es kann sein, dass du ein paar Mal probieren musst, bevor es dir gelingt.

Ich hoffe, du hältst die Nadeln immer noch so wie in der letzten Abbildung in der Hand. Mit einem recht kräftigen Ruck ziehst du nun die Nadeln auseinander.

ne Lust mehr dazu hast. Viel besser ist es, lieber die Sicherheitsnadeln immer mal wieder zur Hand nehmen und es ein paar Mal probieren.
Es ist sicher hilfreich, dir dabei die Anleitung wieder anzusehen, damit die Bewegung, die mit Händen und Nadeln zu machen ist, genau stimmt.

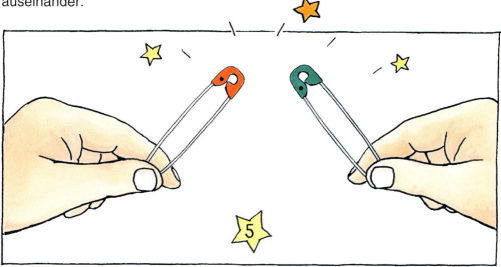

Das war's auch schon!
Wenn alles geklappt hat, sollten deine Nadeln – immer noch geschlossen – jetzt voneinander getrennt sein und der Trick ist zu Ende.

Wenn nicht – was beim ersten Versuch eher wahrscheinlich ist –, musst du halt noch ein bisschen experimentieren.
Es hat allerdings keinen Zweck, den Trick stundenlang zu üben, bis du kei-

Achte darauf, dass du beim Entketten die Hände ganz gerade voneinander wegbewegst, ohne dass sich die Position der Nadeln verändert. Beide Sicherheitsnadeln müssen also beim Auseinanderziehen der Hände genauso schräg gehalten werden wie vorher.

37

DER MAGISCHE KNOTEN

**Öffne Schlösser ohne Schlüssel,
male ohne Farben bunt,
sperre Luft in eine Schüssel,
zauber alle Ecken rund,
hex in alle Seile Knoten,
zieh sie dann noch ganz fest zu,
was ich tu, ist nicht verboten,
mein Zauberspruch löst sie im Nu!**

Kürzlich musste ich meinem kleinen, nervigen Bruder Leon beibringen, wie man eine Schleife und einen Knoten bindet. Auweia . . . hat der sich angestellt! Aber irgendwie tat er mir auch Leid, denn eigentlich ist er in solch praktischen Dingen ein ganz pfiffiges Kerlchen. Es muss wohl hexisch schwer sein, das Knüpfen eines richtigen Knoten zu lernen, und was soll man erst bei einem magischen Knoten erwarten . . .? Wundert euch also nicht, wenn es euch nicht gleich nach dem ersten Durchlesen gelingt. Geduld und Übung sind gefragt – aber das ist ja ohnehin eine wichtige hexische Eigenschaft!

Die Vorbereitung

Du brauchst für dieses Zauberkunststück ein Tuch, das etwa 40 x 40 cm groß ist. Herrentaschentücher haben ungefähr die richtige Größe. Aber es geht natürlich auch jedes andere Tuch, das ungefähr diese Größe hat.

Der Trick funktioniert übrigens auch mit einem Seil, du kannst es ja mal ausprobieren. Aber ich glaube, mit einem Tuch sieht es besser aus.

Die Vorführung

Du machst vor den Augen der Zuschauer einen Knoten in das Tuch und löst ihn allem Anschein nach durch Draufpusten wieder auf.

Das Geheimnis

Der magische Knoten ist eigentlich ein Scheinknoten, weil er aussieht wie ein Knoten, aber keiner ist.

Zu Beginn hältst du das Tuch an zwei schräg gegenüberliegenden Enden zwischen beiden Händen, und zwar jeweils zwischen Zeige- und Mittelfinger, wie du es in Abbildung 1 siehst.

Nun musst du zuerst das Tuch ein paar Mal herumwirbeln, bis es so aussieht, wie das die Abbildung unten zeigt. Das Tuch ähnelt jetzt einem Seil.

Und damit du besser erkennen kannst, wie dieser Zauberknoten geschlungen wird, zeige ich dir die nächsten Schritte lieber mit einem Seil.

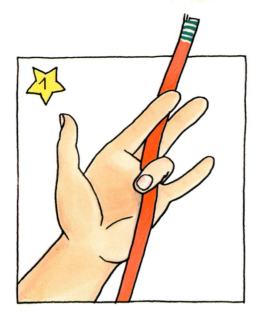

Jetzt knickst du noch deinen linken Ringfinger ein und legst ihn dadurch über das Tuch bzw. in unserem Beispiel das Seilende. Zeige- und Mittelfinger bleiben gestreckt.
Wenn dein kleiner Finger unbedingt mit dem Ringfinger mitkommen will und sich auch einkrümmt, lass ihn ruhig, denn er wird bei diesem Trick nicht wirklich gebraucht und kann eigentlich machen, was er will (1).

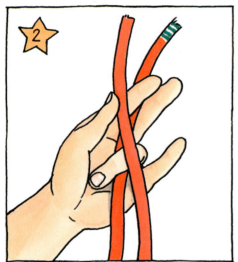

Nun legst du den Tuchzipfel, den du in der rechten Hand hältst, so in die linke Hand, dass er dort mit Daumen und Zeigefinger in Empfang genommen wird (2).

Dadurch hat sich nun eine Schlaufe gebildet, durch die du jetzt mit deiner rechten Hand hindurchfassen musst, um den rechten Tuchzipfel, also den, den du die ganze Zeit schon in der linken Hand gehalten hast, zu ergreifen (3).

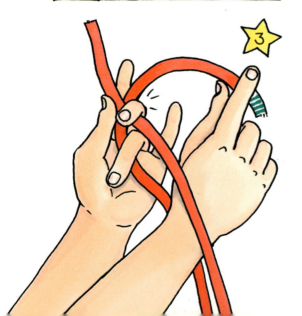

Während du diesen Tuchzipfel nun durch die Schlaufe hindurch auf dich zuziehst, geschieht noch etwas: Du krümmst nun zusätzlich auch noch deinen linken Mittelfinger ein, sodass er sich wie ein Haken um das Tuch legt.
Gleichzeitig drehst du deine linke Hand mit dem Handrücken nach oben (4).

Wenn du nun den Zipfel, den du in der rechten Hand hältst, weiter durch die Schlaufe ziehst, passiert Folgendes: Durch den eingekrümmten linken Mittelfinger bildet sich ein Knoten, aber eben kein richtiger, sondern ein falscher.

Du kannst das Tuch nun mit der rechten Hand loslassen und gleichzeitig deinen linken Mittelfinger vorsichtig aus dem falschen Knoten ziehen. Nun hängt das Tuch mit dem Knoten von deiner linken Hand herunter. So können deine Zuschauer deutlich sehen, dass du ein Tuch mit einem Knoten darin in der Hand hältst (5).

Anschließend ergreifst du das untere Ende des Tuches wieder mit der rechten Hand und hältst das Tuch waagerecht vor dein Gesicht.

Und nun folgt das, was für die Zuschauer am magischsten aussieht, für dich aber am einfachsten ist: Der Knoten löst sich auf. Das geschieht einfach dadurch, dass du deine Hände etwas auseinander bewegst und das Tuch stramm ziehst. Deine Zuschauer sollten das allerdings nicht bemerken. Deshalb pustest du gleichzeitig auf den Knoten. Scheinbar hat sich der Knoten durch das Pusten aufgelöst.

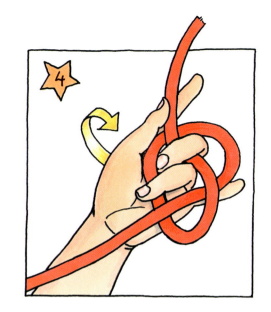

VERLIEBTE BÜROKLAMMERN

*Komm nur, Klammer,
spring zu mir,
dann verrate ich es dir:
Ich bin ganz verrückt nach dir!
Nur die Liebe kann vollbringen,
dass wir uns jetzt eng umschlingen.
Oder ist es Zauberkraft,
die die Klammerei geschafft?*

Wusstet ihr, dass auch Büroklammern ein Herz haben? Dass sie verliebt sein können und sich verhaken wollen, um nie mehr loszulassen? Verrückte Geschichte, ich weiß! Aber seht doch mal her. Ich erzähle euch die Romanze von den zwei verliebten Büroklammern. Es war einmal . . .

Die Vorbereitung

Für diesen Trick brauchen wir zwei Büroklammern. Du weißt vielleicht, dass es solche aus Draht gibt und andere aus Kunststoff. Wir benötigen zwei der normalen, aus Draht gebogenen, die so aussehen:

Für den Schluss des Tricks kannst du auch gleich noch – wo du gerade dabei bist, die Sachen zusammenzusuchen – ein nicht zu kleines Gummiband bereitlegen.

Außerdem brauchst du auch noch einen Geldschein.

Papier, das du in Geldscheingröße geschnitten hast, ausprobierst, kann es passieren, dass das Papier reißt, wenn du an seinen Enden ziehst.

Das Geheimnis

Wenn du die beiden Büroklammern an die richtigen Stellen steckst, passiert eigentlich fast alles automatisch. Dazu musst du erst einmal den Geldschein in beide Hände nehmen und dann das linke Drittel auf dich zu umfalten.

Drücke aber die linke Seite des Geldscheins nicht platt, sondern lasse ihn so, wie du es auf der Abbildung sehen kannst.

Die Vorführung

Zwei Büroklammern werden einzeln auf einen s-förmig gefalteten Geldschein gesteckt, ein kurzer Ruck am Geldschein und die Büroklammern fliegen im hohen Bogen in die Luft. Bei genauerer Untersuchung der Klammern stellt sich heraus, dass sie nun verkettet sind.

Man nimmt übrigens für dieses Kunststück einen Geldschein, weil Geldscheine aus festerem Material sind als normales Papier. Wenn du das Ganze einmal mit gewöhnlichem

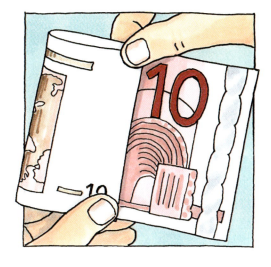

Du musst die Büroklammer ganz auf den Geldschein schieben, sodass ihre obere Seite die Oberkante des Scheins berührt.

Nun drehst du den Geldschein so um, dass die Büroklammer zwar immer noch oben ist, du aber nun auf die Rückseite des Geldscheins schaust (2).

Damit der Schein nun in dieser Position bleibt, steckst du mit der rechten Hand eine der Büroklammern an der Stelle oben auf den Schein, an der die umgefaltete linke Seite das rechte Drittel des Scheins berührt (1).

Jetzt musst du – ähnlich wie gerade mit dem ersten Drittel – das nun linke Ende des Geldscheins nach rechts umfalten und an der Stelle, an der sich die beiden Lagen des Geldscheins berühren, wieder eine Büroklammer anbringen. Das Ganze sollte dann so aussehen, wie du in der folgenden Abbildung (3).

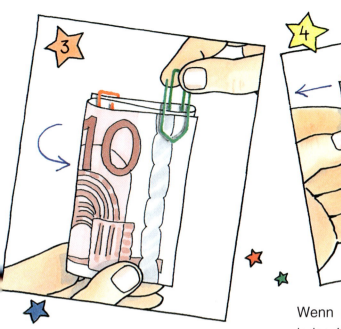

Wichtig ist dabei, dass die zweite Büroklammer, die auch wieder ganz auf den Schein geschoben wird, ebenso wie die erste, nur auf zwei Lagen des Scheins geschoben wird. Schau dir die Abbildung noch einmal genau an.

Wenn du nun den Geldschein mit jeder Hand an einem Ende etwas oberhalb der Mitte ergreifst (4) und ihn langsam auseinander ziehst, wirst du sehen, dass die beiden Büroklammern sich am oberen Rand aufeinander zubewegen (5).

45

Erst wenn sie sich fast berühren, ziehst du den Schein mit einem scharfen Ruck ganz auseinander. Du wirst feststellen, dass die beiden Büroklammern nach oben vom Geldschein abspringen, sich dabei verketten und irgendwo in der Nähe landen.

Na, hat es geklappt? Wenn nicht, musst du vielleicht zum Schluss etwas kräftiger ziehen. Man befürchtet zuerst immer den Geldschein zu zerreißen. Aber keine Angst! Er hält das wirklich aus!

Jetzt wirst du dich vielleicht fragen, was es denn mit dem oben erwähnten Gummiband auf sich hat. Du kannst ja einmal probieren, was passiert, wenn du den Trick genauso machst, wie ich es eben beschrieben habe, nur »fädelst« du zusätzlich noch das Gummiband auf den Geldschein, bevor du ihn umdrehst, um das zweite Drittel umzufalten und mit der zweiten Büroklammer festzustecken. Die beiden nächsten Abbildungen zeigen, was gemeint ist (1 und 2).

Wenn du nun, genau wie vorhin, an den beiden Enden des Geldscheins ziehst . . . aber probiere es doch einfach selber aus. Du wirst sehen: ein einfacher, aber phänomenaler Trick!

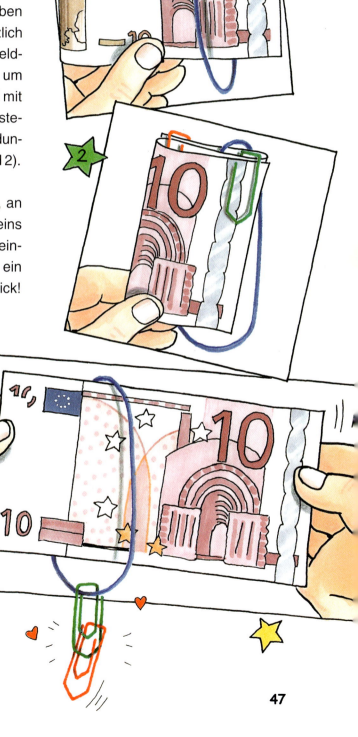

DER MUTTER-TRICK

**KCIRT-RETTUM RED SAD TSI HO
ZAUBERN KANN ICH SOWIESO
NHETSREV NEXEH ETHCE RUN
HIER GIBT'S MAGISCHES ZU TUN**

Was es mit dem Spruch wohl auf sich hat? Wer findet es heraus?

Die Vorbereitung

Dieses Kunststück heißt nicht etwa Mutter-Trick, weil du ihn nur deiner Mutter vorführen musst, sondern weil du dazu zwei Muttern (nicht Mütter!) brauchst. Du weißt, Muttern sind die Gebilde, die man auf eine Schraube schraubt. Die beiden Muttern sollten erstens möglichst groß sein, etwa 2 cm im Durchmesser, und zweitens gleich aussehen. Vermutlich musst du etwas in eurem Werkzeugkasten oder sogar in einer Eisenwarenhandlung herumsuchen, bis du die richtigen Exemplare gefunden hast. Sie dürften dort nicht sehr teuer sein. Aber wie du gleich sehen wirst, lohnt sich die Suche.

Außerdem brauchst du noch ein undurchsichtiges Tuch und ein dünnes Band, zum Beispiel einen Schnürriemen, ungefähr 50 cm lang.

Die Vorführung

Eine Mutter wird auf eine Schnur gefädelt und ein Zuschauer bekommt die beiden Enden der Schnur zum Halten. Trotzdem wird die Mutter auf geheimnisvolle Weise von der Schnur befreit.

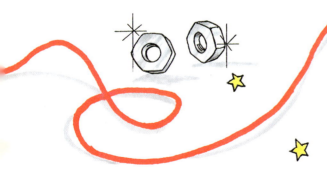

Nachdem das geschehen ist, fädelst du die Mutter auf das Band und bittest dann den Zuschauer in jede Hand ein Ende des Bandes zu nehmen. Weise darauf hin, dass es unmöglich ist, die Mutter von der Schnur zu befreien, solange die Enden festgehalten werden.

Das Geheimnis

Zu Beginn des Kunststücks hast du die beiden Muttern und das Tuch zusammen in der Tasche oder an einem anderen Ort liegen, den die Zuschauer nicht sehen. Es ist nämlich wichtig, dass niemand weiß, dass du zwei gleiche Muttern hast.

Nachdem ein Zuschauer mit deiner Erlaubnis die Schnur untersucht hat, greifst du in die Tasche und holst eine der Muttern hervor, die du ebenfalls untersuchen und auf Echtheit prüfen lässt. Am besten, du hast die zweite Mutter nicht in derselben Tasche, damit es kein verräterisches Klimpern gibt.

Jetzt greifst du in die Tasche und holst das Tuch hervor und heimlich mit ihm zusammen die zweite Mutter, von der niemand etwas ahnt. Halte das Tuch so in der Hand, wie das die nächste Abbildung zeigt.

Nun deckst du das Tuch über die Schnur. Wenn du dabei das Tuch und vor allem deine Finger so hältst wie auf dem Bild unten, ist die zweite Mutter in deiner rechten Hand nicht zu sehen und deine Zuschauer werden auch keinen Verdacht schöpfen, denn es sieht alles ganz normal aus.

Halte also die Hand, die die Mutter hält, ganz locker und unverkrampft. Nun gehst du mit beiden Händen unter das Tuch und bittest den Zuschauer, falls er die Schnur sehr stramm hält, sie etwas lockerer zu lassen. Du musst nämlich jetzt unter dem Tuch – also ohne hinzusehen – von dir aus gesehen rechts von der aufgefädelten Mutter, die Mitte der Schnur durch das Loch in der Mutter ziehen, die du lose in der Hand hältst, und so um sie herumführen, wie das die Abbildungen auf der nächsten Seite zeigen.

In Wirklichkeit ist das Ganze vom Tuch abgedeckt, aber damit du den Trick verstehst, ist auf der Zeichnung auch abgebildet, was darunter passiert . . .

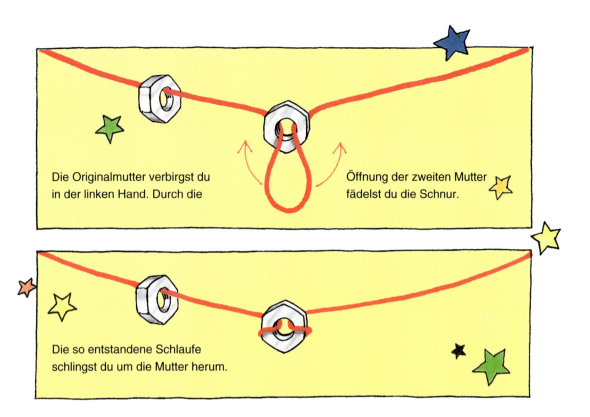

Die Originalmutter verbirgst du in der linken Hand. Durch die Öffnung der zweiten Mutter fädelst du die Schnur.

Die so entstandene Schlaufe schlingst du um die Mutter herum.

Wenn du so weit bist, müsste die Mutter eigentlich auf der Schnur halten, wenn du sie loslässt. Dafür ergreifst du mit deiner linken Hand die andere, auf dem Band aufgefädelte Mutter und bewegst beide Hände an der Schnur entlang unter dem Tuch hervor, die linke Hand nach links, die rechte nach rechts. Deine Zuschauer dürfen die Mutter in deiner linken Hand dabei natürlich nicht sehen.

Wenn du mit deinen Händen bei den Händen des Zuschauers angekommen bist, bittest du ihn das Tuch von der Schnur wegzunehmen, du würdest solange die Schnurenden für ihn halten.

Wenn der Zuschauer das Tuch weggezogen hat, sieht er, dass sich die Mutter noch auf der Schnur befindet, allerdings irgendwie anders als vorher.

Sofort nimmst du nun beide Schnurenden in deine rechte Hand (wobei das linke Ende durch die links gehaltene Mutter gezogen wird und die Mutter damit frei ist) und übergibst die Schnur dem Zuschauer. Gleichzeitig nimmst du mit deiner linken Hand, die ja heimlich die Mutter hält, dem Zuschauer das Tuch wieder ab. Dadurch ist dann auch gleich die Mutter wieder verdeckt und du brauchst nicht zu befürchten, dass sie jemand entdeckt.

Nun soll der Zuschauer vorsichtig an beiden Schnurenden ziehen. Zwei Dinge können passieren: Entweder die Mutter löst sich von selbst von der Schnur und fällt auf deine wartenden Handflächen oder du musst etwas nachhelfen und die Mutter von der Schnur befreien. Aber ganz gleich, was von beidem geschieht, deine Zuschauer sollten auf jeden Fall staunen!

Du kannst das Tuch (mit der Mutter) nun ablegen oder in die Tasche stecken. Damit ist der für dich kritische Teil des Tricks schon vorbei, für deine Zuschauer beginnt die Zauberei jetzt erst richtig.

Bitte den Zuschauer die Schnur wieder zwischen seinen beiden Händen zu halten und gehe mit deinen Händen unter die Mutter.

Zum Schluss nochmals der Hinweis: Die beiden Muttern dürfen sich bei der ganzen Aktion unter dem Tuch wirklich nie berühren, weil das ein verdächtiges Geräusch geben würde.

RECHENHEXEREIEN

**Willst hexen du nach Hexenart,
so halt stets diesen Spruch parat:
Nimm Kohärenz und Division,
multipliziert mit Hexalon,
Logarithmus hoch Quadrat,
potenziert plus Feldsalat.
Dann rechnest du stets richtig,
das ist für Hexen wichtig!**

Bei dem nun folgenden Tricks habe ich zu Beginn eine gute und eine schlechte Nachricht. Zum Glück ist die gute Nachricht für dich, die schlechte für den Zuschauer, der dir hilft. Zuerst also die gute Nachricht: Du weißt bei diesen Zauberkunststücken – ganz ohne etwas tun zu müssen – schon vorher das Ergebnis einer Rechnung, die erst später stattfinden wird.

Die schlechte Nachricht für deinen Zuschauer: Er muss rechnen! Aber es soll ja auch Leute geben, die gerne rechnen. Ich persönlich hex mir meine Mathehausaufgaben lieber aus – das geht viel schneller . . .

RECHENHEXEREI NR. 1
»DIE VORHERSAGE«

Die Vorbereitung

Du brauchst nichts weiter zu tun, als einen Zettel mit dem nebenstehenden Text zu beschriften. Dann faltest du den Zettel zusammen oder steckst ihn in ein Kuvert, klebst es zu und schreibst in großen Buchstaben »VORHERSAGE« drauf.

Außerdem solltest du noch einen kleinen Schreibblock und einen Stift für die Vorführung bereitlegen.

Die Vorführung

Nachdem du auf deine Voraussage hingewiesen und diese für alle sichtbar abgelegt hast, bittest du einen Zuschauer, von dem du weißt, dass er gut rechnen kann, dir zu helfen.

Der Zuschauer soll sich eine dreistellige Zahl denken und sie auf den Block schreiben (1).
Die Zahl soll aus drei unterschiedlichen Ziffern bestehen, also nicht etwa 455 oder gar 777 lauten.

Dann soll er die Zahl umdrehen (2) und die kleinere von der größeren abziehen (3).

Dieses Ergebnis soll nun auch wieder umgedreht werden (4) und mit dem vorherigen Ergebnis zusammengezählt werden (5).

Das Geheimnis

Das Ergebnis ist 1089!
Auch wenn du mit anderen Zahlen rechnest . . .
Verblüffend? – Doch nicht für dich!
Du hast es ja vorausgesagt!

2. Beispiel

Dieses Zahlenbeispiel zeigt, dass es wichtig ist, den Zuschauer darauf aufmerksam zu machen, die kleinere Zahl von der größeren abzuziehen. Mit einer Minusrechnung klappt der Trick nämlich nicht.

Jetzt lass den helfenden oder einen anderen Zuschauer den Umschlag mit deiner Voraussage öffnen und laut vorlesen, was auf dem Zettel steht, und nimm dann deinen Applaus entgegen.

3. Beispiel

Dieser Trick funktioniert mit jeder dreistelligen Zahl, die – wie schon erwähnt – drei verschiedene Ziffern hat. Wenn der Zuschauer das erste Ergebnis errechnet hat, solltest du ihn vorsichtshalber fragen, ob es aus zwei oder drei Ziffern besteht.

Ist das Ergebnis nur zweistellig, muss der rechnende Helfer nämlich erst eine Null voranstellen – wie du auf der Abbildung siehst. Dann hat die Zahl wieder die erforderlichen drei Stellen und kann umgedreht werden. Die Summe bei den Zahlen ergibt natürlich . . .

Wenn du diesen Trick vorführst, staunen die anwesenden Erwachsenen wahrscheinlich noch mehr als die Kinder. Probiere es mal aus.

RECHENHEXEREI NR. 2 »GEDANKENLESEN«

Mit demselben Prinzip dieses Tricks kannst du auch noch ein anderes Kunststück vorführen. Dabei handelt es sich dann nicht mehr um eine »Vorhersage« sondern um »Gedankenlesen«.

Die Vorbereitung

Anstatt deines Umschlags mit der Voraussage brauchst du einfach irgendein Buch, das du in deinem Bücherregal hast. Ich nehme jetzt mal als Beispiel »*Hexe Lilli und das magische Schwert*«.

Egal, welches Buch du ausgewählt hast – du solltest es zu Beginn des Tricks auf den Tisch legen.

Die Vorführung

Hat der Zuschauer sein Ergebnis (1089) errechnet, soll er das Buch nehmen und, ohne dass du es sehen kannst, die Seite aufschlagen, die den letzten beiden Ziffern seines Ergebnisses entspricht (also Seite 89) und sich das Wort merken, das an der Stelle steht, die den ersten beiden Ziffern seines Ergebnisses entspricht (also das zehnte Wort).

Um ihm zu erklären, was du meinst, und um gleichzeitig von der Tatsache abzulenken, dass du die Zahl schon weißt, kannst du sagen: »Wenn du beispielsweise die Zahl 1274 herausbekommen hast, schlage bitte die Seite 74 auf und sieh dir das zwölfte Wort an.«

Aber da du das Ergebnis natürlich schon kennst und vorher nachgeschaut hast, welches Wort auf Seite 89 an zehnter Stelle steht (bei »*Hexe Lilli und das magische Schwert*«, ist es das Wort »*Berg*«), kannst du jetzt scheinbar die Gedanken des Zuschauers lesen. Er soll an das Wort denken, es aber auf keinen Fall laut sagen. Nach einiger Konzentration nennst du dann das Wort, das der Zuschauer nur gedacht hat.

Welche der beiden hier beschriebenen Versionen du vorführen willst, bleibt dir überlassen. Aber auf keinen Fall darfst du natürlich beide zusammen in einem Zauberprogramm zeigen. Denn bei diesem Zauberkunststück ist es ja offensichtlich, warum man es nie zweimal vor demselben Publikum vorführen soll. Weißt du, warum? . . . Na klar, sonst merkt doch jeder, dass jedes Mal dasselbe Ergebnis, eben 1089, herauskommt.

59

DER PIANO-TRICK

**Wenn Karten wandern und Hühner krähen,
könnte man vor Schreck die Augen verdrehen!**

Diesen Trick brachte mir Zilli Concarne bei, als ich auf Abenteuerreise im wilden Wilden Westen war. Leider konnte ich ihn im Salon nicht ausprobieren, weil die schießwütige Tornadobande dazwischenkam ... hätte so gern das Gesicht von Old Schurwoll gesehen, wenn ich ihn reinlege ...

Und trotzdem muss man etwas üben, um ihn vorzuführen. Du musst nämlich den Vortrag üben, das, was du bei diesem Trick sagst. Das gilt natürlich auch für alle anderen hier beschriebenen Kunststücke, aber bei diesem besonders. Es kommt nämlich auf jedes Wort an. Vom Vortrag hängt es ab, ob der Trick klappt oder nicht.

Keine Angst, du brauchst für dieses Zauberkunststück kein Klavier. Es heißt nur so, weil der Zuschauer, der dir dabei hilft, seine Hände so auf den Tisch legen soll wie ein Klavierspieler.
Das Interessante an diesem Zaubertrick ist, dass er eigentlich nur durch Sprache funktioniert; kein doppelter Boden, kein Griff, nichts.

Das Einzige, was du dazu benötigst, ist ein Kartenspiel – egal, was für eines. Notfalls funktioniert der Trick auch mit Bierdeckeln oder Streichhölzern.

Der Trick
Eine Karte wandert scheinbar von einem Kartenstapel zum anderen.

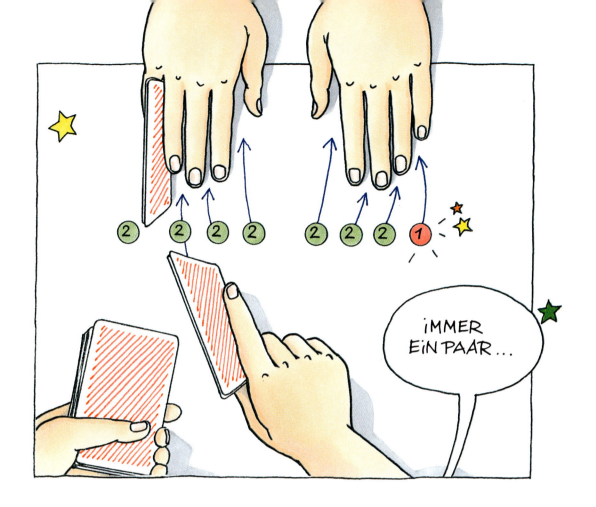

Die Vorführung

Zu Beginn des Tricks fragst du deinen Helfer, ob er wisse, wie ein Klavierspieler seine Hände hält. Wenn er es nicht weiß, machst du es ihm vor. Sobald seine Hände dann in der Position sind, nimmst du das Kartenspiel und beginnst, von dir aus gesehen links, jeweils zwei Karten in die Zwischenräume der Finger zu stecken.

Dabei sagst du: »Es kommt immer ein Paar, also eine gerade Anzahl von Karten zwischen die Finger.« Dann wiederholst du, während du die anderen Fingerzwischenräume mit Karten füllst: »Hier auch ein Paar ... also immer, eine gerade Anzahl von Karten.«, usw.

Es ist wichtig, dass sich bei den Zuschauern die Worte »Paar« und »gerade« einprägen.

Wenn du beim letzten Zwischenraum angekommen bist, das ist der zwischen seinem linken Ring- und kleinem Finger, steckst du nur eine Karte hinein und sagst: »Nur hier kommt eine einzelne Karte hinein, eins, also eine ungerade Zahl.«

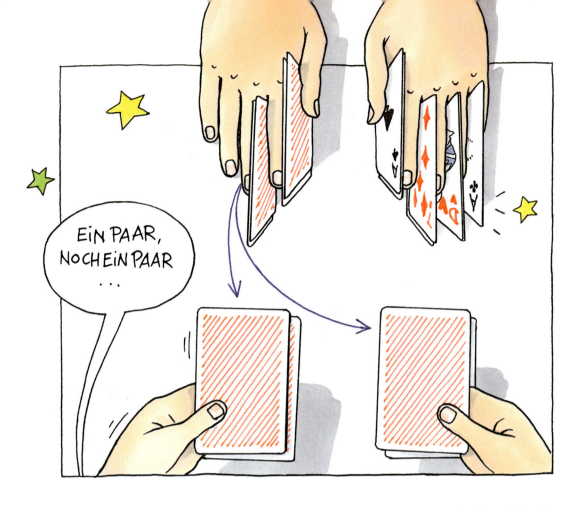

Nun beginnst du wieder auf der linken Seite die Karten aus den Zwischenräumen zu nehmen und in zwei Päckchen – mit der Rückseite der Karten nach oben – auf dem Tisch auszulegen.
Dabei sagst du: »Ich lege jetzt die Karten in zwei geraden Stapeln auf den Tisch, immer ein Paar . . .«
Wenn du bei der letzten, einzelnen Karte angekommen bist, sagst du zum Zuschauer: »Wir haben nun zwei gerade Stapel. Und jetzt darfst du bestimmen, welches der ungerade Stapel werden soll.«

Der Zuschauer entscheidet sich für eines der Päckchen und du legst die Karte darauf.
Jetzt fasst du noch einmal zusammen: »Wir haben hier zwei Stapel, einen mit einer ungeraden Anzahl von Karten, einen mit einer geraden Anzahl von Karten.«
Dabei zeigst du zuerst auf den Stapel, auf den gerade die letzte Karte gelegt wurde, und dann auf den anderen Stapel.

Dann sagst du: »Ich werde nun versuchen eine Karte vom einen ins andere Päckchen wandern zu lassen.« Du machst mit deinen Händen eine magische Bewegung über die beiden Stapel und fragst: »Welches war der ungerade Stapel?«

Der Zuschauer wird auf den Stapel deuten, auf den die einzelne Karte gelegt wurde.

Sofort nimmst du diesen Stapel auf und beginnst die Karten paarweise zu zählen: »Ein Paar, ein Paar, ein Paar und ein Paar. Hier ist also der gerade Stapel!«

Dann ergreifst du den zweiten Stapel, zählst und sagst: »Ein Paar, ein Paar, ein Paar ... und eine einzelne Karte. Hier ist jetzt der ungerade Stapel!«

Das Geheimnis

Für den Fall, dass du selbst noch überlegst, wie du das hinbekommen hast, hier die Auflösung: Der Trick funktioniert von selbst. Durch das Austeilen der sieben Paare liegen in jedem Stapel sieben Karten, also eine ungerade Anzahl. Aber da du den Zuschauern ständig von Paaren und geraden Zahlen erzählst, fällt das niemandem auf. Die einzelne Karte macht also jeden der beiden Stapel zum geraden Stapel und nicht, wie du sagst, zum ungeraden.

DAS RÄTSELHAFT SPRINGENDE GUMMIBAND

**Diesen Zauber siehst du nicht,
auch wenn es dir das Herz zerbricht.
Du siehst nur das Gummi wandern
von einem Finger auf den andern.
Du sagst: Das ist doch Hexerei!
Ja, klar! Da ist doch nichts dabei!**

Diesen Zaubertrick hat mir ein Magier in der Unterwasserwelt von Atlantis beigebracht. Er hat ihn mir mit einem zusammengeknoteten Arm von einer Krake vorgeführt ... Igitt, das sah wirklich eklig aus! Ihr solltet dafür lieber ein Gummiband nehmen. Eines von der ganz normalen Sorte. Die sind erstens leichter zu bekommen, sehen zweitens besser aus und stinken drittens nicht so sehr nach Fisch ...

Nimm ein einfaches Haushaltsgummiband. Die richtige Größe für deine Finger bekommst du am besten beim Probieren heraus. Du kannst aber schon auf den Abbildungen sehen, wie groß es ungefähr sein sollte.

Der Trick
Ein Gummiband wird auf den linken Zeigefinger gehängt und wandert auf den Mittelfinger, obwohl die Zeigefingerspitze von einem Zuschauer festgehalten wird.

Die Vorführung
Zu Beginn des Tricks hängst du das Gummiband so über deinen linken Zeigefinger, wie du es in der Abbildung sehen kannst.

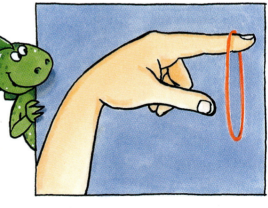

64

Dann streckst du auch deinen linken Mittelfinger aus, fasst das Gummiband unten, ziehst es um den Mittelfinger herum zurück zum Zeigefinger und streifst es drüber.

Jetzt bittest du einen Zuschauer deine Zeigefingerspitze festzuhalten, damit das Gummiband nicht entweichen kann.

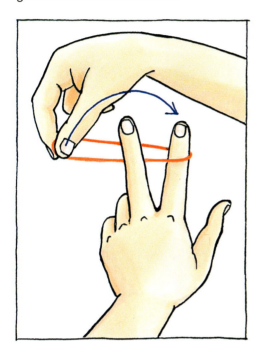

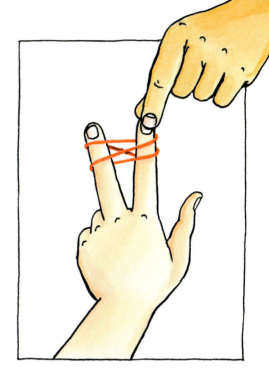

Nun musst du den Mittelfinger leicht einkrümmen, sodass der vordere Strang des Gummibandes von der Spitze dieses Fingers abrutscht.
ZAWUSCH! –
und schon ist es vom Zeigefinger abgesprungen!

Hexe Lillis supergeheimes Schulfreundebuch

Für alle Hexe Lilli-Fans und deren Freunde und Freundinnen!
Dieses supergeheime Schulfreundebuch ist nur für Hexe Lilli-Fans und allerbeste Freunde! Auf vielen witzig und abwechslungsreich gestalteten Seiten ist Platz für persönliche Eintragungen, Lieblingssprüche, Hobbys und was man sonst noch so über sich erzählen mag. Und von Hexe Lilli gibt es dazu viele überaus nützliche Tipps für alle, die in der Schule den Durchblick haben wollen.

96 Seiten
Gebunden
Farbiger, wattierter Umschlag mit Lackierung
Mit Geburtstagskalender

Viel Vergnügen mit der Hexe Lilli!

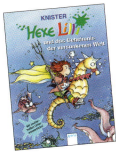

Seit Lilli das Zauberbuch hat, gerät sie von einem Abenteuer in das andere. Jeder Band enthält viele Bilder und **echte Zaubertricks** zum Nachzaubern!

HALLO! Ich bin die Hexe Lilli. Besucht mich doch im INTERNET und schreibt mir in mein geheimes Hexenbuch. Ich freu mich drauf!

Hexe Lilli stellt die Schule auf den Kopf
Hexe Lilli macht Zauberquatsch
Hexe Lilli und der Zirkuszauber
Hexe Lilli bei den Piraten
Hexe Lilli und der Weihnachtszauber
Hexe Lilli wird Detektivin
Hexe Lilli im wilden Wilden Westen
Hexe Lilli und das wilde Indianerabenteuer
Hexe Lilli im Fußballfieber
Hexe Lilli und das Geheimnis der Mumie
Hexe Lilli und das Geheimnis der versunkenen Welt
Hexe Lilli und das magische Schwert
Hexe Lilli auf Schloss Dracula
Hexe Lilli auf der Jagd nach dem verlorenen Schatz
Lilli the Witch – Trouble at School
Hexe Lillis geheime Zauberschule
Hexe Lilli Schulfreundebuch
Hexe Lilli Fan-Artikel (Radiergummis, Stempel, Notizbuch, Computerspiel …)

☛ Die **Hexe-Lilli-Geschichten** gibt es auch auf Kassetten. **Von Europa!**

Arena

KNISTERnde Spannung

Für den Arena Verlag habe ich inzwischen einen ganzen Stapel spannender Bücher verfasst:

- **Hexe Lilli**
  Mit vielen Büchern aus der Erfolgsserie
- **Wer verflixt ist Yoko?**
- **Yoko mischt die Schule auf**
- **Yoko und die Gruselnacht im Klassenzimmer**
- **Viel Wirbel um Yoko**
- **Teppichpiloten**
- **Teppichpiloten starten durch**
- **Teppichpiloten mit Geheimauftrag**
- **Teppichpiloten erobern den Weltraum**
- **Bröselmann und das Steinzeit-Ei**
- **Die Reiter des eisernen Drachen**
- **Willi Wirsing**
- **Alles Spagetti**
- **Wo ist mein Schuh? fragt die Kuh**
- **Knuspermaus im Weihnachtshaus**
- **Nikolauskrimi**

Meine Taschenbücher:
- **Die Sockensuchmaschine**
- **Willi Wirsing**
- **Lilli the Witch - Trouble at School**
- **Der Krimi vom Weihnachtsmann**

Guten Tag.

Ich bin KNISTER, der die **Hexe Lilli** geschrieben hat. Ich möchte euch gerne mehr über meine Bücher erzählen. Die schreibe ich übrigens mit dem Computer: einem großen, der bei mir zu Hause steht, und einem kleinen auf einem Segelboot.

KNISTER im Internet!
Mit KNISTER Spieleseiten!

www.knister.de

Arena